BEI GRIN MACHT SICH IHR WISSEN BEZAHLT

Bibliografische Information der Deutschen Nationalbibliothek:

Die Deutsche Bibliothek verzeichnet diese Publikation in der Deutschen National-bibliografie; detaillierte bibliografische Daten sind im Internet über http://dnb.d-nb.de/ abrufbar.

Impressum:

Copyright © 2017 GRIN Verlag
Druck und Bindung: Books on Demand GmbH, Norderstedt Germany
ISBN: 9783346170767

Dieses Buch bei GRIN:

https://www.grin.com/document/541171

Jasemin Kara

Der Begründer des Manichäismus und die religionsge-schichtliche Bedeutung seiner Religion

GRIN Verlag

GRIN - Your knowledge has value

Der GRIN Verlag publiziert seit 1998 wissenschaftliche Arbeiten von Studenten, Hochschullehrern und anderen Akademikern als eBook und gedrucktes Buch. Die Verlagswebsite www.grin.com ist die ideale Plattform zur Veröffentlichung von Hausarbeiten, Abschlussarbeiten, wissenschaftlichen Aufsätzen, Dissertationen und Fachbüchern.

Besuchen Sie uns im Internet:

http://www.grin.com/

http://www.facebook.com/grincom

http://www.twitter.com/grin_com

Mani

Der Begründer des Manichäismus und die religionsgeschichtliche Bedeutung seiner Religion

Referatsausarbeitung

im Studiengang
Turkologie

eingereicht von

Jasemin Kara

am 15.09.2017
an der Georg-August Universität Göttingen

Inhaltsverzeichnis

Einleitung

„Manchmal frage ich mich, ob nicht der Herr der Finsternis zu allen Religionen inspiriert, und zwar einzig und allein, um Gottes Bild zu entstellen!" Waren das etwa die Worte eines Gottesmannes?[1]

Das Zitat stammt vom fiktiven Mani aus dem historischen Roman „Der Mann aus Mesopotamien" von Amin Maalouf[2]. Der Mani im Buch glaubt demnach die bestehenden Auslebungen der Religionen zu seiner Zeit seien Entstellungen der Wahrheit.

Mani[3] (216-276/ 277) gründete den Manichäismus[4], eine von der Gnosis geprägte Religion.[5] Sie zählt zu den synkretistischen[6] Lehren.[7] Der Manichäismus wurde zur Weltreligion, indem er sich im Osten bis nach China und im Westen bis nach Spanien ausbreitete.[8] 762 wurde Bögü Khan[9] bei den Uiguren[10] zum Manichäismus bekehrt und die Religion offiziell eingeführt.[11] Zeitweise stellte er eine Konkurrenz zum Christentum dar und hielt sich in Westeuropa, trotz Verfolgungen, bis ins fünfte Jahrhundert.[12] Mani lebte im persischen Sassanidenreich[13] und wuchs bei einer jüdisch-christlichen Täufergemeinde auf, die ihn und seine Lehre prägte.[14] Er trennte sich von dieser, um seine Lehre vom Dualismus zu verbreiten.[15] Göttliche Offenbarungen vermittelten Mani sein Wissen.[16] Er sah sich als Fortführer und Schlusslicht bestehender Religionen.[17] Seine Mission wurde zunächst von persischen Königen gefördert[18], bis seine Religion als Be-

---

[1] Maalouf, 1994, S. 106.

[2] Vgl. Literarisches Portrait/ Amin Maalouf, Online im WWW unter URL: http://www.marabout.de/maalouf/maalouf.htm [Stand: 06.09.2017].

[3] Vgl. Harst, 2009, S. 177.

[4] Vgl. Foerster, 1980, S. 6.

[5] Vgl. Harst, 2009, S. 177f.

[6] Vgl. Böhlig, 1989, S. 252.

[7] Vgl. Foerster, 1980, S.6f.

[8] Vgl. Böhlig/ Markschies, 1994, S. 266.

[9] Vgl. Moriyasu, 2004, S. 34.

[10] Vgl. Zieme, 1991, S. 22f.

[11] Vgl. Moriyasu, 2004, S. 34.

[12] Vgl. Mosig-Walburg, 2009, S. 174ff.

[13] Vgl. Onuki, 2011, S. 164.

[14] Vgl. Böhlig/ Markschies, 1994, S. 267.

[15] Vgl. Hausammann, 2007, S. 34ff.

[16] Vgl. Hausammann, 2007, S. 33.

[17] Vgl. Ort, 1967, S. 118.

[18] Vgl. Heiler, 1959, S. 442.

drohung für den Zoroastrismus[19] wahrgenommen wurde.[20] Daraufhin wurde er verhaftet und starb im Gefängnis.[21]

Die Betrachtung der historischen Person Mani ist insofern von wissenschaftlichem Interesse, als dass sein Leben und seine Ansichten die Entstehung und Etablierung des Manichäismus erklären und nachvollziehbar machen.

Diese wissenschaftliche Arbeit kann sich nicht ausführlich mit der Lehre und der Religionsgemeinschaft des Manichäismus befassen, da dies den Rahmen der Arbeit sprengen würde. Im Fokus soll die Person Mani und die religionsgeschichtliche Bedeutung seiner Lehre stehen. Dadurch kann die Entstehung der Religion, ihre Ausbreitung und ihr Untergang verstanden und in einen historischen Kontext eingeordnet werden.

Aus der bisherigen Darstellung ergeben sich hinsichtlich der zu betrachtenden Thematik folgende Forschungsfragen:

1. **Wie und warum kam es zur Entstehung des Manichäismus?**
2. **Wie ist der Manichäismus religionsgeschichtlich einzuordnen?**
3. **Was war Manis Ziel?**

Zur Beantwortung der aufgestellten Forschungsfragen wird folgende methodische Vorgehensweise gewählt:

Zuerst werden historische Hintergründe erläutert. Dann werden knapp die Besonderheiten des Manichäismus herausgestellt. Anschließend wird die Person Mani skizziert. Hierbei geht die Arbeit auf seine Namensherkunft, Visionen und seine Missionstätigkeit ein. Schließlich werden die zusammengetragenen Ergebnisse in einen Kontext eingeordnet. Hierbei soll die religionsgeschichtliche Bedeutung des Manichäismus herausgestellt werden. Zuletzt folgen Zusammenfassung und Fazit.

Die verwendete Methodik dient zum Verstehen der Zusammenhänge zwischen Mani als Person und der Entstehung seiner Religion. Die gesamte Komplexität der historischen Person Mani kann nicht erfasst werden, da hierfür einerseits der Rahmen fehlt und andererseits die manichäischen Quellen legendenhafter Natur sind. Aus der beschriebenen Vorgehensweise ergibt sich die Gliederung der wissenschaftlichen Arbeit.

Im Folgenden werden zunächst die theoretischen Grundlagen betrachtet, die zum Verständnis und zur Durchführung der geplanten methodischen Vorgehensweise notwendig sind.

---

[19] Vgl. Grabner-Haider, 2007, S. 260f.
[20] Vgl. Koch, 2011, S. 142.
[21] Vgl. Ernst, 1941, S. 34.

1 Theoretische Grundlagen

1.1 Historische Grundlagen

Mani wurde mehrerer Quellen zu Folge am 14. April 216 bei Seleukia-Ktesiphon am Tigris im heutigen Irak geboren.[22] Er starb im Jahre 276 oder 277 in Gundešapur an den Umständen in Haft.[23] Seine Muttersprache war das Aramäische.[24] Er wuchs bei einer jüdisch-christlichen Täufergemeinde im persischen Sassanidenreich[25] auf.[26]

Mani ist der Gründer des Manichäismus, einer synkretistisch-dualistischen Religion.[27] Er wurde für das Gründen seiner Kirche, als Offenbarer der göttlichen Gnosis, Vorbild des richtigen Verhaltens, für seine mitfühlende Menschenliebe und sein mutiges Märtyrertum von seinen Anhängern verehrt. Er habe übernatürliche Heilkräfte gehabt, könne hellsehen, frei schweben und sich über erhebliche Entfernungen hinweg fortbewegen.[28]

Mani wurde mit der Zeit als ewig spirituelle Persönlichkeit betrachtet, der eine vorgeburtliche Existenz innehatte. Dies wurde angenommen, weil Mani zu seinem Vater: *"another one, however, came to dwell in it"*[29], gesagt haben soll.[30]

Mani ist zentraler Gegenstand der manichäischen Heilslehre.[31] Sein Leben wurde hagiographisch beschrieben.[32] Er wurde außerdem Objekt für feindliche Anti-Legenden. Dies ist einer der Gründe, warum es nicht möglich ist, historische Fakten und Legenden voneinander zu trennen.[33] Die Legenden der Manichäer um Mani als „Apostel des Lichts" entstanden zu seinen Lebzeiten und wurden nach seinem Tod erweitert.[34] Es wird davon

---

[22] Vgl. Markschies, 2012, S. 148.

[23] Vgl. Klimkeit, 1989, S. 21.

[24] Vgl. Henning, 1958, S. 76.

[25] Vgl. Haywood, 2002, S. 28f.

[26] Vgl. Böhlig/ Markschies, 1994, S. 267.

[27] Vgl. Foerster, 1980, S. 6.

[28] Vgl. Sundermann, Werner: Mani/ The Founder of the Religion of Manicheism in the 3rd century CE (2009), Online im WWW unter URL: unter URL: http://www.iranicaonline.org/articles/mani-founder-manicheism [Stand: 07.09.2017].

[29] Sundermann, Werner: Mani/ The Founder of the Religion of Manicheism in the 3rd century CE (2009), Online im WWW unter URL: unter URL: http://www.iranicaonline.org/articles/mani-founder-manicheism [Stand: 07.09.2017].

[30] Vgl. Sundermann, Werner: Mani/ The Founder of the Religion of Manicheism in the 3rd century CE (2009), Online im WWW unter URL: unter URL: http://www.iranicaonline.org/articles/mani-founder-manicheism [Stand: 07.09.2017].

[31] Vgl. Römer, 1994, XVI.

[32] Vgl. Durkin-Meisterernst, 2008, S. 1013.

[33] Vgl. Colditz, 2016, S. 247ff.

[34] Vgl. Cantera, 2004, S. 145ff.

ausgegangen, dass je älter die hagiographische Tradition ist, desto größer die Möglichkeit, dass sie historische Fakten enthält.[35]

Mani ist ein Prophet mit hohem Sendungsbewusstsein und ein Theologe. Er schuf ein eigenes religiöses System, das gezielt synkretistisch sein sollte. Dies ermöglichte die Vereinigung mehrerer Religionen in einem und bot ihm die Grundlage eine umfassende Heilslehre zu erschaffen.[36]

Das nachfolgende Kapitel beschäftigt sich mit der Abstammung des Namens „Mani".

1.1.1 Name

Der Name Mani (aram. *mny*; gr. *Man[n]ichaios* [=kopt.]; *Manēs; lat. Manes/* Man[n]ichaeus; chin. *mo-ni*; pers. *m'ny*; *m'nyy*; *m'n'*; sanskr. *Maneya[sya]*); Kurzform von Man[n]ichaios wird unterschiedlich gedeutet. Mānēs ist ein verbreiteter Eigenname, vor allem bei Sklaven. Mani könnte auch eine Kurzform von *Man[n]ichaios* sein und wäre demnach kein Eigenname.[37]

Manis Widersacher Augustin behauptet es gebe eine Verbindung zu dem lateinischem Wort *mania/ maneis*, das so viel wie „Wahnsinn" bzw. „wahnsinnig" bedeutet. Oder es wird vom Aramäischen *mānā* („Gefäß" [sc. Des Heiligen Geistes], polemisch: *mānā [dbīštā]* = Gefäß [des Bösen]), himmlische Nahrung „*Manna*" oder der aramäischen Wendung *mānī hayyā* (Mani der Lebendige bzw. „lebendiges Gefäß [sc. Des Heiligen Geistes]") abgeleitet.[38]

Das nachfolgende Kapitel erläutert die Abstammung Manis.

1.1.2 Abstammung

Manis Vater spielt in seiner Biografie eine zentralere Rolle als seine Mutter.[39] Verschiedene Varianten seines Namens sind in den Quellen und der Forschungsliteratur vorhan-

---

[35] Vgl. Römer, 1994, S. 38f.

[36] Vgl. Kohlhammer, 1961, S. 141ff.

[37] Vgl. Sundermann, Werner: Mani/ The Founder of the Religion of Manicheism in the 3rd century CE (2009), Online im WWW unter URL: unter URL: http://www.iranicaonline.org/articles/mani-founder-manicheism [Stand: 07.09.2017].

[38] Vgl. Drecoll/ Kudella, S. 166ff.

[39] Vgl. Spiegel, 1873, S. 202f.

den: Pattak/ Pattik (gr. *Pattikios*; lat. *Paticius*).[40] Seine Heimat war Hamadan und später verbrachte er sein Leben in Seleukeia-Ktesiphon.[41]

Pattaks Vater Abū Barzam und seine Familie gehörten entweder zur Königsfamilie der Arsakiden oder Parthen.[42]

Manis Vater war Mitglied in der juden-christlichen Täufergemeinde der Elkesaiten, in der auch Mani seit seinem 4. Lebensjahr aufwuchs und seine religiöse Prägung erfuhr.[43]

> *(Aussage Manis): „[Nachdem] mein Leib [von meiner Mutter (?) im Kleinkindalter (?)] (p.11) bis zu meinem vierten Lebensjahr [genährt worden war], trat ich [zu diesem Zeitpunkt] in die Glaubensgemeinschaft der Täufer ein. Als mein Leib im Jugendalter war, wuchs ich in dieser Gemeinschaft auf und wurde durch die Kraft der Lichtengel und der so überaus starken Mächte beschützt."*[44]

Der Name Manis Mutter ist unklar. In vielen Überlieferungen wird von Maryam ausgegangen. Sie stammte von den As`ániern ab und war möglicherweise eine Adelige.[45]

Die Elkesaiten lebten in der Ebene zwischen Euphrat und Tigris.[46]

Mani verbrachte die ersten zwei Jahrzehnte seines Lebens bei ihnen, bis er sich auf seine Missionsreisen machte, um seine Lehre zu verbreiten.[47]

Das nachfolgende Kapitel beschäftigt sich mit der Problematik der zur Verfügung stehenden Quellen.

1.1.3 Quellen

Zwei Arten von Quellen liegen vor: nichtmanichäische und manichäische.[48] In den nichtmanichäischen Schriften wird oft gegen Mani polemisiert.[49] Die manichäischen

---

[40] Vgl. Bill/ Fassmann, 1979, S. 148.
[41] Vgl. Merkelbach, 1986, S. 37.
[42] Vgl. Dodge, 1972, S. 86.
[43] Vgl. Hausammann, 2007, S. 33.
[44] Koenen/ Römer, 1988, S. 7.
[45] Vgl. Spiegel, 1873, S. 201f.
[46] Vgl. Hausammann, 2007, S. 22.
[47] Vgl. Heinrichs, 2012, S. 164ff.
[48] Vgl. Willkens/ Özertural, 2011, S. 23.
[49] Vgl. Rose, 1979, S. 56f.

Schriften hingegen schildern Manis Leben, haben jedoch einen legendenhaften Charakter.[50]

Bis ins 20. Jahrhundert waren keine manichäischen Originalschriften bekannt. In der Frühen Neuzeit und im 19. Jahrhundert waren anti-manichäische Schriften, die von Christen verfasst wurden, bekannt.[51] Sie enthielten einzelne Zitate aus manichäischer Literatur.[52] Das manichäische Schrifttum wurde teils in der Antike, teils im Mittelalter vernichtet.[53] Dies geschah, weil der Manichäismus in den Gebieten, in denen er sich ausgebreitet hatte, von anderen Religionen mit der Zeit unterdrückt oder verdrängt wurde.[54] Hinzu kommt, dass die im Laufe des 20. Jahrhunderts entdeckten manichäischen Fragmente einen schlechten Zustand aufwiesen. Zudem ging nach Ende des Zweiten Weltkrieges ein noch nicht ausgewerteter Teil der Fragmente wieder verloren.[55] Das nachfolgende Kapitel stellt den Manichäismus und seine Besonderheiten vor.

1.2 Manichäismus

Der Manichäismus weist Einflüsse aus dem Christentum (*Rolle Jesu, Bedeutung des Neuen Testaments*), der jüdisch-christlichen Täufergemeinde der Elkesaiten (*Mission, zyklische Wiederkehr der Propheten, Weltgericht*), der Gnosis (*vor allem Bardaisan und Markion*), zoroastrisch-iranischer Dualismus (*absoluter Dualismus, Drei-Zeiten-Lehre, „großer Krieg"*) und später dem Buddhismus (*Seelenwanderung, Spaltung der Kirche in „Erwählte" und „Hörer"*) vor.[56]

Kern der manichäischen Lehre ist der Dualismus zwischen den Urprinzipien Licht und Finsternis bzw. Geist und Materie, die im ständigen Kampf miteinander sind. Hierbei generiert jede Seite in unserer jetzigen Zeit immer neue Kräfte und Emanationen.[57]

Ein manichäisches Glaubensbekenntnis besagt:

---

[50] Vgl. Spiegel, 1873, S. 204f.
[51] Vgl. Willkens/ Özertural, 2011, S. V.
[52] Vgl. Akademie der Wissenschaften der DDR, 1912, S. 46.
[53] Vgl. Lülfing/ Teitge/ Petri, 1981, S. 25.
[54] Vgl. Meier-Seethaler, 2001, S. 124ff.
[55] Vgl. Reck, 2006, S. 15.

[56] Vgl. Janßen, Martina: *Mani* (Dez. 2010), Online im WWW unter URL: http://www.bibelwissenschaft.de/wibilex/das-bibellexikon/lexikon/sachwort/anzeigen/name/Mani/ch/de1a1cd9cf000ae456cec528f6e6c026/ [Stand: 08.07.17].

[57] Vgl. Willkens/ Özertural, 2011, S. 70.

äki yiltizig üc üdki nomug biltim(i)z ,wir kennen [jetzt] die Lehre von den zwei Prinzipien und den Drei Zeiten. [58]

Wie das Zitat andeutet, führt der Kampf der beiden Reiche zur Einteilung in drei Phasen der manichäischen Zeit. In der ersten Phase „vor der Vermischung" greift die Finsternis das Lichtreich an. In diesem werden Teile des Lichts in der Finsternis (Materie) gefangen genommen bzw. lassen sie sich aus taktischen Gründen fangen. In der zweiten Phase „während der Vermischung" ist das Licht in der Finsternis gefangen. [59] Das gefangene Licht befindet sich wie bei gnostischen Vorstellungen im Menschen und zusätzlich in der Vegetation, im Tier- und Erdreich sowie in anorganischer Materie. [60] Ziel der manichäischen Religion ist die Entmischung von Licht und Finsternis, durch die Läuterung und Befreiung des Lichts. Der Manichäismus will nicht nur die Seele erlösen, sondern auch die Welt als Gesamtes erklären. [61] Um das Licht befreien zu können, müssen die Menschen die Wahrheit über sie erfahren. Diese Botschaft verkündet Mani, auch „Apostel des Lichts" [62] (iranische Bezeichnung für den Erlöser) genannt. [63] Mit diesem Wissen ist jeder dazu aufgefordert, das Licht vor Schädigung zu bewahren und aktiv an seiner Befreiung mitzuwirken. [64] Am Ende der Zeiten folgt die letzte Phase „nach der Vermischung". Das Licht wird in einem apokalyptischen Endkampf, auch „großer Krieg" genannt, befreit. Dieser besteht aus einem 1468 Jahre andauernden Weltenbrand und dem Endgericht mit der Wiederkunft Christi als Richter. [65]

Das nachfolgende Kapitel stellt Manis Schriften vor.

---

[58] Özertural/ Willkens, 2011, S. 118.

[59] Vgl. Widengren, 1961, S. 71f.

[60] Vgl. Johne, 2008, S. 1011ff.

[61] Vgl. Jacobs, 1987, S. 157.

[62] Widengren, 1969, S. 503.

[63] Vgl. Widengren, 1969, S. 503.

[64] Vgl. Schönknecht, 2017, S. 357f.

[65] Vgl. Bousset, 1907, S. 229ff.

2 Mani

2.1 Werke

Mani plante den Manichäismus von Beginn an als Schriftreligion, denn er war der Überzeugung, dass, alles was nicht verschriftlich wurde, verloren ginge. Durch diese Maßnahme wollte er eine Verfälschung seiner Religion verhindern, die er zu seiner Zeit bestehenden Religionen unterstellte.[66] Folgende Schriften wurden von Mani verfasst:

1. *Das lebendige Evangelium*

2. *Der Schatz des Lebens*

3. *Die Pragmateia (= der Traktat)*

4. *Das Buch der Mysterien*

5. *Das Buch der Giganten*

6. *Die Briefe*

7. *Die Psalmen und die Gebete*[67]

Trotz weiter Verbreitung des Manichäismus sind von den sieben Schriften nur Blätter, Fragmente oder Zitate übrig geblieben.[68] Die anschauliche künstlerische Darstellung der Botschaft war für Mani von Bedeutsamkeit. Aus diesem Grund verfasste er zusätzlich ein Bilderbuch, das „Ardahang"[69] genannt wurde. Das Bilderbuch brachte Mani in der späteren persischen Tradition seinen Ruf als Maler ein. Die Schreibkunst und Buchmalerei wurden von den Manichäern geschätzt und sie waren bekannt für ihre Schönschrift. Sie verzierten ihre religiösen Bücher mit Miniaturen und Zierornamenten.[70]

Ein weiteres, nicht zum Kanon gezähltes Werk war das Shāpuragān. Die Missionschrift war dem König Schāpūr I. gewidmet und in Mittelpersisch verfasst. Bis auf Fragmente ist auch dieses verloren gegangen. Jedoch ist vom Shāpuragān mehr als von den kanonischen Schriften übrig geblieben.[71]

Das nachfolgende Kapitel beschäftigt sich mit Manis Offenbarungserlebnissen, die als Legitimation für das Verkünden seiner Botschaft verstanden werden können.

---

[66] Vgl. Vermaseren, 1981, S. 445.
[67] Vermaseren, 1981, S. 445.
[68] Vgl. Willkens/ Özertural, 2011, S. 63.
[69] Klimkeit, 1998, S. 273ff.
[70] Vgl. Klimkeit, 1998, S. 273ff.
[71] Vgl. Van Ess, 2016, S. 494ff.

2.2 Offenbarungen

Mani hatte bereits im Alter von vier Jahren Visionen, die mit der Zeit an Intensität zunahmen. Sein „Alter Ego"[72] bzw. „höheres Ich"[73], ein himmlisches Engelwesen, erschien ihm das erste Mal mit zwölf Jahren und das zweite Mal mit 24 Jahren.[74] Die Anhänger des Manichäismus sehen bei der ersten Offenbarung eine Parallele zu Jesus, der ebenfalls mit 12 Jahren in den Tempel eintrat.[75]

Der von Gott gesandte Gefährte („Alter Ego", „höheres Ich") verkündet Mani die Wahrheit, die er in die Welt bringen soll.[76] Seither wurde er von seinem Gefährten ständig begleitet, beschützt und geleitet. Er offenbarte ihm regelmäßig göttliche Geheimnisse vom „Vater in der Höhe"[77].[78]

Mani sah sich als religiösen Offenbarer in einer Reihe mit Seth, Noah, Enosch, Henoch, Sem, Abraham, Zoroaster, Buddha, Jesus, Paulus und Elkesai, die er als seine Vorgänger verstand.[79] Er bezeichnete sich als „Vollender der Offenbarung"[80], „Apostel des Lichtes"[81] und „der von Jesus verheißene"[82].[83]

Mani plante eine Reform bei der Täufergemeinde, bei der er aufwuchs. Sie missglückte und daraufhin trennte er sich von ihr. Einige Anhänger folgten ihm auf seine Missionsreise, unter diesen Manis Vater. Mani brach zu seinen Missionsreisen auf, als er von

---

[72] Calder/ Demandt, 1990, S. 205.

[73] Calder/ Demandt, 1990, S. 205.

[74] Vgl. Calder/ Demandt, 1990, S. 205.

[75] Vgl. Tworuschka, 1974, S. 177.

[76] Vgl. Markschies, 2012, S. 155f.

[77] Heinrichs, 2012, S. 172.

[78] Vgl. Heinrichs, 2012, S. 171f.

[79] Vgl. Fassmann/ Bill, 1979, S. 555.

[80] Janßen, Martina: Mani (Dez. 2010), Online im WWW unter URL: http://www.bibelwissenschaft.de/wibilex/das-bibellexikon/lexikon/sachwort/anzeigen/name/Mani/ch/de1a1cd9cf000ae456cec528f6e6c026/ [Stand: 08.07.17].

[81] Janßen, Martina: Mani (Dez. 2010), Online im WWW unter URL: http://www.bibelwissenschaft.de/wibilex/das-bibellexikon/lexikon/sachwort/anzeigen/name/Mani/ch/de1a1cd9cf000ae456cec528f6e6c026/ [Stand: 08.07.17].

[82] Janßen, Martina: Mani (Dez. 2010), Online im WWW unter URL: http://www.bibelwissenschaft.de/wibilex/das-bibellexikon/lexikon/sachwort/anzeigen/name/Mani/ch/de1a1cd9cf000ae456cec528f6e6c026/ [Stand: 08.07.17].

[83] Vgl. Janßen, Martina: Mani (Dez. 2010), Online im WWW unter URL: http://www.bibelwissenschaft.de/wibilex/das-bibellexikon/lexikon/sachwort/anzeigen/name/Mani/ch/de1a1cd9cf000ae456cec528f6e6c026/ [Stand: 08.07.17].

seinem „Alter Ego" in einer zweiten Offenbarung die Erlaubnis und Bestätigung bekam.[84]

Das nachfolgende Kapitel beschäftigt sich mit der Mission Manis, der Ausbreitung des Manichäismus und der Verdrängung der Religion.

2.3 Mission

Im Frühjahr 240 trat Mani seine erste Missionsreise nach Ktesiphon an. Von dort reiste er weiter nordostwärts nach Mesopotamien, dann nach Medien, nach Armenien, danach nach Südmesopotamien und letztlich über den Seeweg nach Indien. In Indien kam er mit dem Buddhismus in Berührung.[85]

Im Jahre 242 kehrte Mani zurück nach Persien. Schāpūr I. herrschte dort in den Jahren von 242 bis 273. Er war Zoroastrier, aber unterstützte Mani aufgrund seines Bruders, des Großkönigs Pērōz. Schāpūr I. stand dem Manichäismus positiv gegenüber, weil er sich von Manis universaler Lehre politische Vorteile erhoffte. Er stellte Mani zum Schutz Geleitbriefe für seine Missionsreisen aus und der Manichäismus konnte sich innerhalb und außerhalb Persiens im Osten und Westen ausbreiten. Mani ging auf Missionsreisen, versandte Briefe in missionierte Gebiete und schickte Missionare aus. Dadurch wuchs die religiöse Gemeinschaft der Manichäer.[86]

Der Nachfolger von Schāpūr I Hormizd I., der von 273 bis 274 regierte, war Mani ebenfalls wohlgesonnen. Ein Kurswechsel kam unter Bahram I., der von 274 bis 276/7 regierte.[87] Er verbot Mani das Reisen und dieser konnte seiner Missionstätigkeit nicht mehr nachgehen.[88] Unter Bahram II. leitete der Obermagier Kardēr / Kartīr die systematische Verfolgung der Manichäer ein. Kardēr / Kartīr wollte die zoroastrische Religion stärken und neu organisieren und war deswegen gegen den Manichäismus. Die Konflikte zwischen den beiden Religionen führten schließlich zu einer Verhaftung Manis. Nach 26 Tagen Haft starb er angekettet.[89] Die Manichäer sprechen von einer „Kreuzigung", weil sie möglicherweise eine Parallele zur Kreuzigung Christis ziehen wollten.[90] Es gab jedoch keine Hinrichtung und Mani starb an den Umständen der Haft.[91]

---

[84] Vgl. Hausammann, 2007, S. 33f.
[85] Vgl. Römer, 1994, S. XIIIff.
[86] Vgl. Hausammann, 2007, S. 34ff.
[87] Vgl. Alizadeh/ Pahlavani/ Sadrnia, 2002, S. 53.
[88] Vgl. Krause/ M. Schwertner/ Müller, 1981, S. 30.
[89] Vgl. Gabriel, 1974, S. 67ff.
[90] Vgl. Nebe, 1999, S. 257f.
[91] Vgl. Bleibtreu-Ehrenberg, 2005, S. 80.

297 im Römischen Reich wurde ein Edikt Diocletians zum Verbot des Manichäismus erlassen und die Manichäer wurden von Staat und Kirche verfolgt.[92]

Der Tod Manis war nicht das Ende des Manichäismus. Auswanderungen und Vertreibungen führten zum weiteren Wachstum der Religion, doch „*kaiserliche Edikte*"[93] und „*christliche Polemik*"[94] überwindeten die Religion letztendlich.[95] Im Osten wurde sie ab dem 8. Jahrhundert durch den Islam verdrängt. Im Süden Chinas Bestand die Religion bis ins 16./ 17. Jahrhundert.[96] Zum Zentrum des Manichäismus entwickelte sich Turkestan in Zentralasien. Bei den türkischen Uiguren wurde der Manichäismus unter Bögü Khan offiziell eingeführt (8./ 9. Jh.). Nichtsdestotrotz existierte auch der Buddhismus fort und stellte einen Gegenpol dar.[97] In der Religionsgeschichte kam es vermehrt zu Entdeckungen des Manichäismus, zum Beispiel bei den Bogomilen (Balkan) und den Katharern (Italien/ Südfrankreich).[98] Zudem weist der tibetische Lamaismus manichäische Züge auf.[99]

Die institutionelle Gestalt der Religion mit der hierarchisch organisierten Kirche verleite dem Manichäismus Stabilität. Dies war ein Unterschied zu anderen gnostische Religionen der Spätantike, die diese Stabilität nicht hatten.[100]

Andererseits ist es wiederum gerade die typisch gnostische, pneumatisch-elektische Denkart, die sich einer stärkeren Fixierung der Gemeinde- und Lehrstruktur widersetzt (III. 4). Diese Denkart ist sicher auf mitverantwortlich zu machen für die geringe Stabilität vieler gnostischer Bewegungen in der Religionsgeschichte. Es bedurfte schon einer Gemeindestruktur wie der manichäischen, um die Entwicklung zur Weltreligion zu gewährleisten.[101]

Aktive Missionsarbeit führte zur Verbreitung der Religion. Die Anpassungsfähigkeit an andere Religionssysteme und die Sprachfähigkeit in vielen Kulturen waren Vorteile für die Ausbreitung und das Überleben des Manichäismus. Hinzu kam Manis gezielter Synkretismus, der ein Zusammenleben mit unterschiedlichen Religionen ermöglichte.[102]

---

[92] Vgl. Willing, 2008, S. 368.
[93] Lauber, 2017, S. 166.
[94] Lauber, 2017, S. 166.
[95] Vgl. Lauber, 2017, S. 166.
[96] Vgl. Tröger, 2001, S. 188f.
[97] Vgl. Moriyasu, 2004, S. 34.
[98] Vgl. Jekutsch, 2011, S. 263.
[99] Vgl. Back, 1979, S. 65.
[100] Vgl. Kloss, 1983, S. 235.
[101] Kloss, 1983, S. 235.
[102] Vereno, 1980, S. 9ff.

Dadurch wurde der Manichäismus in Indien als rechte Form des Buddhismus verstanden und konnte in China unter dem Deckmantel des Taoismus bestehen. Weltgeschichtliche Umwälzungen, das Erstarken neuer politischer und religiöser Kräfte, innere Gründe, wie die innere elitäre Ethik der Zweiklassenreligion und die pessimistische Weltsicht führten letztlich zum Aussterben der Religion. [103]

Das nachfolgende Kapitel fasst die Ergebnisse der wissenschaftlichen Arbeit zusammen und ordnet sie in einen Kontext ein.

---

[103] Vgl. Klimkeit, 1996, S. 21.

3 Zusammenfassung und Fazit

Die wissenschaftliche Arbeit hatte das Ziel die historische Person Mani zu skizzieren und den Manichäismus religionshistorisch einzuordnen. Um die daraus entstehenden Forschungsfragen zu beantworten, wurden folgende methodische Vorgehensweisen gewählt:

Ein Ausschnitt des wissenschaftlichen Erkenntnisstandes wurde versucht zusammenfassend darzustellen und das vorliegende Thema in einen Kontext zu ordnen. Im Kapitel „Theoretische Grundlagen" wurde zunächst auf die für die Arbeit relevanten historischen Grundlagen eingegangen, um das Thema verständlich zu machen. Hierbei wurde auf die Aspekte „Name", „Abstammung" und „Quellen" eingegangen, weil sie besondere Merkmale aufwiesen. Danach wurde der Manichäismus als Religion vorgestellt, um die Kernaussagen des Glaubens darzustellen und sie von anderen abzugrenzen.

Im zweiten Teil der Arbeit wird die historische Person Mani dargestellt. Zuerst werden seine schriftlichen Werke vorgestellt, die für Mani von zentraler Bedeutung waren, da er eine Verfälschung seiner Verkündigungen somit ausschließen wollte. Dann werden seine Offenbarungserlebnisse geschildert, die ihm die Legitimation für seine Mission gaben. Letztlich geht die wissenschaftliche Arbeit auf Manis Missionsweg ein, um nachzuvollziehen, wie die Religion sich verbreiten konnte, warum und wovon sie verdrängt wurde. Die Stärken und Schwächen des Manichäismus werden in diesem Abschnitt deutlich.

Die wissenschaftliche Arbeit möchte einen Überblick über ihr Thema verschaffen und kann dadurch weder auf alle Aspekte eingehen, noch einen Aspekt tiefer gehend betrachten. Somit bleibt sie an der Oberfläche des Möglichen. Die Reihenfolge der Gliederung hätte anders aussehen können, orientiert sich jedoch an dem zur Arbeit gehörenden mündlichen Vortrag sowie dem dazugehörigen Handout.

Die wissenschaftliche Arbeit beantwortet folgende Forschungsfragen:

1. Wie und warum kam es zur Entstehung des Manichäismus?

Der Manichäismus entstand, weil Manis „Alter Ego" ihm erschien und ihm die göttliche Wahrheit verkündete. Dies veranlasste ihn dazu die Täufergemeinde der Elkesaiten zu verlassen und sich auf seinen Missionsweg zu begeben.

2. Wie ist der Manichäismus religionsgeschichtlich einzuordnen?

Religionsgeschichtlich ist hervorzuheben, dass der Manichäismus auf vielen Vorstellungen der Gnosis basiert. Anders als andere gnostische Vorstellungen zu jener

Zeit weist die Religion mehr Stabilität auf, die sie aus ihrer Hierarchie und der Gemeindeordnung gewinnt. Durch den gezielten Synkretismus der Religion ist sie anpassungsfähig und findet dadurch unterschiedlichen Regionen der Welt Anklang.

3. Was war Manis Ziel?

Manis Ziel war eine Universallehre zu verkünden, nach der alle Menschen leben sollten. Sie sollte zum Verständnis der Welt beitragen. Dieses Verständnis des Dualismus in der Welt sollte verhindern zusätzliches Unheil anzurichten und dazu auffordern ein rechtmäßiges Leben zu führen. Somit könne sich Gut und Böse nach dem apokalyptischen Endkampf wieder trennen und die Menschen ein Dasein im Lichtreich führen.

Die biografischen Informationen zu Manis Leben sind kritisch zu betrachten, da die manichäischen Quellen Legenden beinhalten und die nicht-manichäischen polemisch sind. Dadurch kann keine historische Realität dargestellt werden.

Literaturverzeichnis

ALIZADEH, SAEED U.A.: *Iran/ A Chronological History*, Iran, 2002.

BACK, DIETER MICHAEL: *Eine buddhistische Jenseitsreise/ Das sogenannte „Totenbuch der Tibeter aus philologischer Sicht*, Wiesbaden, 1979.

BIEDENKOPF-ZIEHNER: *Mani und Aristoteles/ Das sechste Kapitel der koptischen Kephalaia/ Textanalyse und Interpretation*, Ägypten 42, IV. Reihe, Wiesbaden, 2002.

BLEIBTREU-EHRENBERG: *Der Leib als Widersacher der Seele/ Ursprünge dualistischer Seinskonzepte im Abendland*, in: JÜTTEMANN, GERD u.a. (Hrsg.): *Die Seele/ Ihre Geschichte im Abendland*, Göttingen, 2005, S. 75-96.

BOUSSET, WILHELM: *Hauptprobleme der Gnosis*, in: BOUSSET, WILHELM/ GUNKEL, HERMANN (HRSG.): *Forschungen zur Religion und Literatur des AT und NT*, Band 10, 1. Auflage, Göttingen, 1907.

BÖHLIG, ALEXANDER: *Gnosis und Synkretismus/ Gesammelte Aufsätze zur spätantiken Religionsgeschichte*, Band 1, Tübingen, 1989.

BÖHLIG, ALEXANDER/ MARKSCHIES, CHRISTOPH: *Gnosis und Manichäismus/ Forschungen und Studien zu Texten von Valentin und Mani sowie zu den Bibliotheken von Nag Hammadi und Medinet Madi*, Berlin/ New York, 1994.

CALDER III, WILLIAM M./ DEMANDT, ALEXANDER (Hrsg.): *Eduard Meyer/ Leben und Leistung eines Universalhistorikers*, Supplements to Mnemosyne, Leiden, 1990.

CANTERA, ALBERTO: *Studien zur Pahlavi-Übersetzung des Avesta*, Iranica 7, Wiesbaden, 2004.

COLDITZ, IRIS: *Gibt es ein Konzept der „Erleuchtung" im Manichäismus?*, in: RENGER, ALMUT-BARBARA (Hrsg.): *Erleuchtung/ Kultur- und Religionsgeschichte eines Begriffs*, Freiburg, 2016, S. 237-256.

DRECOLL, VOLKER HENNING/ KUDELLA, MIRJAM: *Augustin und der Manichäismus*, Tübingen, 2011.

DODGE, BAYARD: *Mani and the Manichaens*, in: HANNA, SAMI A. (Hrsg.): *Medieval and Middle Eastern Studies/ In Honor of Aziz Suryal Atiya*, Leiden, 1972, S. 86-105.

DURKIN-MEISTERERNST, DESMOND: *Die Manichäer*, in: JOHNE, KLAUS-PETER: *Die Zeit der Soldatenkaiser/ Krise und Transformation des römischen Reiches im 3. Jh. n. Chr. (235-284)*, Band 1, Berlin, 2008, S. 1009-1024.

ERNST, JOHANN WOLFGANG: *Die Erzählung vom Sterben des Mani, aus dem Koptischen übertragen und rekonstruiert*, Dornach, 1941.

FASSMANN, KURT/ BILL, MAX: *Die Grossen der Weltgeschichte: Registerband*, Band 12, Zürich, 1979.

FOERSTER, WERNER: *Die Gnosis/ Der Manichäismus*, in: ASMUSSEN, JES PETER (Hrsg.): *Bibliothek der alten Welt/ Reihe Antike und Christentum*, Band 3 von ANDRESEN, CARL: *Die Gnosis*, Kalifornien, 1980.

GABRIEL, ALFONS: *Die religiöse Welt des Iran*, Graz, 1974.

GRABNER- HAIDER, ANTON (Hrsg.): *Kulturgeschichte der Bibel*, Göttingen, 2007.

HARST, SYLVA: *Brauchen wir einen Messias?/ Messias-Erwartung und Endzeitsehnsucht vom alten Ägypten bis zum neuen Amerika*, Berlin, 2009.

HAUSAMMANN, SUSANNE: *Von Gott reden, heißt: in Bildern reden/ Mythologien und begriffliche Spekulationen im frühchristlichen und byzantinischen Weltbild und die Botschaft des Fünften ökumenischen Konzils von 553*, Göttingen, 2007.

HAYWOOD, JOHN: *Der neue Atlas der Weltgeschichte/ Von der Antike bis zur Gegenwart*, Gütersloh/ München, 2002.

HEILER, FRIEDRICH (Hrsg.): *Die Religionen der Menschheit in Vergangenheit und Gegenwart*, Stuttgart, 1959.

HEINRICHS, ALBERT: *„So sprach mein Herr und Meister": Selbstaussagen Manis, aufgezeichnet von seinen Schülern*, in: RENGER, ALMUT-BARBARA (Hrsg.): *Meister und Schüler in Geschichte und Gegenwart/ Von Religionen der Antike bis zur modernen Esoterik*, 2012, Göttingen, S. 161-178.

HENNING, W.B.: *„Mitteliranisch"*, in: SPULER, B. (Hrsg.): *Handbuch der Orientalistik*, Abteilung 1, Band 4, Abschnitt 1, Leiden, 1958, S. 20-129.

HEUSER, MANFRED/ KLIMKEIT, HANS-JOACHIM: *Studies in Manichaean Literature and Art/ On the Nature of Manichaen Art*, Leiden, 1998, S. 270-290.

HUTTER, MANFRED: *Mani und die Sasaniden/ Der iranisch-gnostische Synkretismus einer Weltreligion*, Scientia 12, Innsbruck, 1988.

HUTTER, MANFRED: *Manichäismus*, in: Reallexikon für Antike und Christentum, Band 24, Stuttgart, 2012, Sp. 6–48.

JACOBS, MANFRED (Hrsg.): *Das Christentum in der antiken Welt/ Von der frühkatholischen Kirche bis zu Kaiser Konstantin*, Zugänge zur Kirchengeschichte, Band 2, Göttingen, 1987.

JANßEN, MARTINA: *Mani* (Dez. 2010), Online im WWW unter URL: http://www.bibelwissenschaft.de/wibilex/das-bibellexi-kon/lexikon/sachwort/anzeigen/name/Mani/ch/de1a1cd9cf000ae456cec528f6e6c026/ [08.07.17].

JEKUTSCH, ULRIKE: *Rechtgläubige gegen Ketzer/ Zur Repräsentation der Bogomilen in der bulgarischen Literatur*, in: LAUER, REINHARD (Hrsg.): *Erinnerungskultur in Südosteuropa*; Abhandlungen der Akademie der Wissenschaften zu Göttingen, Band 12, Berlin/ Boston, 2011, S. 261-284.

KLIMA, OTAKAR: *Manis Zeit und Leben*, in: Edition Oriental Archives, Band 18, Prag, 1962.

KLIMKEIT, HANS-JOACHIM (Hrsg.): *Hymnen und Gebete der Religion des Lichts/ Iranische und türkische liturgische Texte der Manichäer Zentralasiens*, Opladen, 1989.

KLIMKEIT, HANS-JOACHIM: *Manichäische Kunst an der Seidenstraße/ Alte und neue Funde*, Opladen, 1996.

KLOSS, HERMANN: *Gnostizismus und ,Erkenntnispfad'/ Ihre Gemeinsamkeit angesichts des ,Wortes vom Kreuz'/ Eine religionsphänomenologische Studie*, Leiden, 1983.

KOENEN, LUDWIG/ RÖMER, CORNELIA (Hrsg.): *Der Kölner Mani-Kodex: Über das Werden seines Leibes*, Kritische Edition, Papyrologica Coloniensia Vol. XIV, Opladen, 1988.

KRAUSE, GERHARD u.a.: *Theologische Realenzyklopädie/ Chlodwig Dionysius Areopagita*, Berlin/ New York, 1981.

KOCH, HEIDEMARIE, *Iran*, in: HAAS, VOLKERT/ KOCH, HEIDEMARIE: *Religionen des alten Orients/ Hethiter und Iran*, GAT 1.1, Göttingen, 2011, S. 140-146.

LAUBER, PETER: *Allusiones Pro Illusionibus Philostorgii Borrisseni Historia Ecclesiatica/ Text, Übersetzung und Kommentar*, Berlin, 2017.

LÜLFING, HANS u.a. (Hrsg.): *Handschriften und alte Drucke*, Wiesbaden, 1981.

MAALOUF, AMIN: *Der Mann aus Mesopotamien*, Berlin, 1994.

MARKSCHIES, CHRISTOPH: *Mani – Seine Lehrer und seine Schüler*. in: RENGER, ALMUT-BARBARA (Hrsg.): *Meister und Schüler in Geschichte und Gegenwart/ Von Religionen der Antike bis zur modernen Esoterik*, 2012, Göttingen, S. 147-160.

MEIER-SEETHALER, CAROLA: *Jenseits von Gott und Göttin/ Plädoyer für eine spirituelle Ethik*, München, 2001.

MERKELBACH, REINHOLD: *Mani und sein Religionssystem*, Opladen, 1986.

MORIYASU, TAKAO: *Die Geschichte des uigurischen Manichäismus an der Seidenstraße/ Forschungen zu manichäischen Quellen und ihrem geschichtlichen Hintergrund*, in: Studies in Oriental Religions, Band 50, Wiesbaden, 2004.

MOSIG-WALBURG, KARIN: *Römer und Perser/ Vom 3. Jahrhundert bis zum Jahr 363 n. Chr.*, Gutenberg, 2009.

NEBE, GOTTFRIED: *Jesus, der Gekreuzigte, der am Holz hängt – Das Lichtkreuz/ Einige Beobachtungen und strukturelle Überlegungen zur Wirkungsgeschichte von Kreuz und Kreuzigung/ Jesu von der Bibel zum westlichen Manichäismus*, in: BECKER, M./ FENSKE, W. (Hrsg.): *Das Ende der Tage und die Gegenwart des Heils/ Begegnungen mit dem Neuen Testament und seiner Umwelt*; Festschrift für Heinz-Wolfgang Kuhn zum 65. Geburtstag, Leiden/ Boston/ Köln, 1999, S. 245-280.

ONUKI, TAKASHI: *Neid und Politik/ Eine neue Lektüre des gnostischen Mythos*, in: KÜCHLER, MAX/ LAMPE PETER/ THEIßEN, GERD/ ZANGENBERG, JÜRGEN (Hrsg.): *Novum Testamentum et Orbis Antiqus/ Studien zur Umwelt des neuen Testaments*, Band 79, Göttingen, 2011.

ORT, LUDEWIJK JOSEPHUS RUDOLF: *Mani/ A Religio-Historical Description of his Personality*, Leiden, 1967.

ÖZERTURAL, ZEKİNE/ WILLKENS, JENS (Hrsg.): *Der östliche Manichäismus/ Gattungs- und Werksgeschichte*, Vorträge des Göttinger Symposiums vom 4./ 5. März 2010, in: Abhandlungen der Akademie der Wissenschaften zu Göttingen, Neue Folge, Band 17, Berlin/ Boston, 2011.

PUECH, HENRI-CHARLES: *Die Religion des Mani*, in: KÖNIG, FRANZ (Hrsg.): *Christus und die Religionen der Erde*, Band 2, Freiburg, 1956, S. 449-536.

RECK, CHRISTIANE: *Mitteliranische Handschriften/ Berliner Turfanfragmente manichäischen Inhalts in soghdischer Schrift*, Teil 1, Stuttgart, 2006.

ROSE, EUGEN: *Die manichäische Christologie*, Studies in Oriental Religions, Vol. 5, Wiesbaden, 1979.

RÖMER, CORNELIA EVA: *Manis frühe Missionsreisen nach der Kölner Manibiographie/ Textkritischer Kommentar und Erläuterungen zu p. 121- p. 192 des Kölner Mani-Kodex*, Abhandlungen der Nordrhein-westfälischen Akademie der Wissenschaften, Papyrologica Coloniensia XXIV, Opladen, 1994.

SCHÖNKNECHT, HANS-JOACHIM: *Mythos – Wissenschaft – Philosophie/ Zur Genese der okzidentalen Rationalität in der griechischen Antike*, Band 3, Marburg, 2017.

SPIEGEL, FR.: *Eranische Altertumskunde*, zweiter Band, Leipzig, 1873.

SUNDERMANN, WERNER: *Mani/ The Founder of the Religion of Manicheism in the 3rd century CE* (2009), in: Encyclopaedia Iranica, Online im WWW unter URL: http://www.iranicaonline.org/articles/mani-founder-manicheism [08.07.17].

TRÄGER, KARL-WOLFGANG: *Die Gnosis/ Heilslehre und Ketzerglaube*, Freiburg/ Basel/ Wien, 2001.

TUBACH, JÜRGEN: *Manis Jugend*, in: *Ancient Society* 24, Leuven, 1993, S. 119–138.

TWORUSCHKA, UDO: *Die Einsamkeit/ Eine religionsphänomenologische Untersuchung*, Bonn, 1974.

VAN ESS, JOSEF: *Theology and Society in the Second and Third Centuries of the Hijra Volume 1*, in: FIERRO, MARIBEL u.a. (Hrsg.): *The Near and Middle East*, Handbook of Oriental Studies, Section one, Leiden/ Boston, 2016.

VERENO, MATTHIAS: *Tradition und Symbol/ Die Bedeutung altüberlieferter Weisheit für den modernen Menschen*, in: Symbolon, Band 5, Köln, 1980, S. 9-24.

VERMASEREN, M. J.: *Die Orientalischen Religionen im Römerreich/ Etudes préliminaires aux religions orientales dans l'Empire romain 100 (1)*, Leiden, 1981.

WIDENGREN, GEO: *Mani und der Manichäismus*, KOHLHAMMER, W., Band 57, Stuttgart, 1961.

WIDENGREN, GEO: *Religionsphänomenologie*, Berlin, 1969.

WILLING, MEIKE: *Eusebius und Cäsarea als Häresograph/ Patristische Texte und Studien*, BRENNECKE, H.C./ MÜHLENBERG E. (Hrsg.): *Im Auftrag der patristischen Kommission*, Der Akademien der Wissenschaften in der Bundesrepublik Deutschland, Band 63, Berlin, 2008.

ZIEME, PETER: *Die Stabreimtexte der Uiguren von Turfan und Dunhuang/ Studien zur alttürkischen Dichtung*, in: Bibltiotheca Orientalis Hungarica, Band 33, Michigan, 1991.

BEI GRIN MACHT SICH IHR WISSEN BEZAHLT

- Wir veröffentlichen Ihre Hausarbeit,
  Bachelor- und Masterarbeit

- Ihr eigenes eBook und Buch -
  weltweit in allen wichtigen Shops

- Verdienen Sie an jedem Verkauf

Jetzt bei www.GRIN.com hochladen
und kostenlos publizieren